AF498387

*Réponse du citoyen Huard, Maire d'Argenton-sur-Creuse et membre du Conseil général de l'Indre, à la lettre anonyme, insérée le 15 courant, dans le journal le* Représentant de l'Indre, *qui se publie à Châteauroux, où ce citoyen est accusé de s'être permis d'avoir voté pour le général Cavaignac (ce qui est vrai), lorsque maints gros bonnets de la cité, qui, huit jours auparavant, proclamaient cette candidature, se sont empressés de l'abandonner, dès l'instant où, par une dépêche télégraphique, ils ont su que Napoléon allait avoir une majorité immense sur tous les points de la France.*

*Après avoir, comme l'on dit au Palais, entendu l'avocat de l'inculpé, et la partie civile dans ses conclusions, lecteurs, vous déciderez dans votre haute impartialité, si le Maire d'Argenton, pour avoir fait purement et simplement son devoir, doit être absous ou condamné.*

*Dans le but de vous mettre à même d'apprécier toutes les phases de cette affaire, vous trouverez, ci-dessous, lecteurs : 1° l'acte d'accusation ; 2° la lettre composant la défense de l'accusé, qui pourrait, dans la circonstance, se faire accusateur ; 3° la lettre de M. le Juge de Paix du canton d'Argenton, en date du 9 décembre courant, où celui-ci annonce au Maire, qu'il devra présider la 2ᵉ soussection d'Argenton, en l'absence, motivée, de M. le Juge-Suppléant, et 4° une déclaration de trois membres du Conseil municipal, constatant comment ont été conduites les opérations présidées par M. le Maire.*

---

« M. le Maire d'Argenton a, pour manœuvrer la matière électorale, une ha-
» bileté et un bonheur incontestables.

» Chacun dans la ville sait, en effet, par *quels moyens* et avec *quel succès*, il
» a fait les *nombreuses* élections municipales et départementales, voire même
» celles des officiers de la garde nationale, dont depuis huit mois, Argenton a
» été témoin.

» Malgré les difficultés qu'il a rencontrées, il vient encore d'employer les mê-
» mes moyens dans l'élection du Président, et voici comment :

» Sachant bien que grâce au peu d'influence qu'il a sur les électeurs des
» communes rurales, ils sont généralement moins disposés à voter avec lui, que
» les ouvriers de la ville.

» Il avait imaginé et obtenu comme membre du Conseil général, que cinq
» communes rurales viendraient se réunir à celle d'Argenton pour former une
» seule section. Il voyait à cela deux avantages :

» D'abord, il les réunissait sous sa main et celles de ses agents zélés et
» actifs.

» Ensuite, comme la commune d'Argenton devait voter la première, les cinq
» autres n'eussent été appelées que le lundi, et par ce moyen, il comptait bien
» que beaucoup d'électeurs manqueraient à l'appel.

» On a donc réclamé, et M. le Préfet a déclaré qu'il y aurait à Argenton deux
» sections : l'une, présidée par le Juge de Paix et formée exclusivement de la
» commune d'Argenton ; l'autre, présidée par le suppléant et formée des cinq
» communes rurales.

» Mais le Maire ne se tient pas pour battu.

» Il obtient que le suppléant refuse la Présidence, quoique *étranger* aux cinq
» communes rurales, puis, compose son bureau de tous hommes également
» *étrangers* à ces communes, et si peu capables, que lui-même est obligé de faire
» tous les émargements, et de remplir les fonctions de secrétaire.

» Il n'ouvre le scrutin qu'à 11 heures et demie, et s'arrange de façon que la
» commune de Saint-Marcel, appelée la première, quoique la moins éloignée, a
» été plus de 3 *heures* à voter.

» Les électeurs des autres communes, fatigués de ces retards, se sont en
» partie en allés sans voter ; et c'est précisément là où en voulait venir le
» Maire qui savait très bien que ses agents *prévenus* retiendraient les électeurs,
» votant à son gré.

» Que M. le Maire d'Argenton annonce solennellement à Châteauroux qu'il
» votera pour le général Cavaignac, quand ses sympathies sont pour un autre
» candidat qui, sans lui, aurait eu très peu de voix dans le canton d'Argenton,
» c'est là tout simplement ce qu'on appelle une tactique électorale.

» Mais qu'il agisse comme on vient de le dire, pour en venir à ses fins, au
» risque de donner lieu à quelques fâcheuses collisions, par suite de la juste
» opposition qu'il aurait dû rencontrer, c'est ce qui ne saurait être blâmé trop
» sévèrement par l'autorité. »

(Représentant de l'Indre, N° 17.)

## RÉPONSE A LA LETTRE ANONYME.

Un de mes amis vient de me remettre, Monsieur le Rédacteur, le numéro de
votre journal, en date du 15 courant, où se trouve une certaine note que vous
auriez eu la complaisance d'accueillir sans prendre la peine de demander au ca-
lomniateur d'avoir le courage d'y apposer sa signature.

Je l'avoue, j'étais loin de m'attendre, par suite des manœuvres auxquelles se sont livrés, en plein soleil, et sur la place publique d'Argenton, certains grands maîtres en matières électorales, qu'il s'en trouverait, parmi eux, d'assez imprudents pour oser m'attribuer ce dont ils sont seuls capables.

Mais puisqu'ils ont bien voulu jeter le gant, permettez-moi de le ramasser en passant, tout contrarié que je suis, d'occuper le public de ma personne.

Ceci dit, j'arrive donc tout simplement, sans réflexion aucune, ne voulant pas même déchirer le voile qui couvre toutes les turpitudes présentes et passées, dont le pays a été témoin, à répondre aux diverses attaques dirigées contre moi.

Que dit-on tout, d'abord? Qu'en matière électorale, j'aurais une habileté et un bonheur incontestable? A cet égard, je pourrais bien, dès aujourd'hui, donner une réponse immédiate; mais laissons cette question brûlante pour un autre jour. Disons seulement que, ni moi, ni les miens, n'ont transporté leur domicile politique, d'une ville à une autre, dans le but de faire triompher tel honorable député d'autre fois, qui obtenait d'autant plus de suffrages que, connaissant toutes les faiblesses de ses clients, il saurait les contenter dans leurs fantaisies diverses.

Aussi, enfants gâtés que vous êtes, vous l'avez abandonné, pour la plupart d'entre vous, le jour où il n'a pu vous satisfaire dans vos insatiables désirs, ce qui est du domaine de l'histoire.

Que si, depuis le 24 février dernier, j'ai été nommé quatre fois Maire, ce dont je n'aurais parlé ici. En effet, ne croyez pas que j'y tenais beaucoup ; car, qui dans Argenton, ignore les sacrifices sans nombre que j'ai déjà faits ; mais laissons tout ce qui tient aux questions personnelles. Si nous abordions un semblable sujet, je crois que mes adversaires y perdraient plus d'une queue à la bataille.

Vient maintenant la question de l'élection du Président : Suivant ces Messieurs, ou plutôt ces dignes citoyens, puisqu'ils ne veulent plus qu'on les appelle *bourgeois*. j'aurais obtenu, comme membre du Conseil général, dans le but de faire triompher le candidat de mon choix, de faire voter cinq communes, à Argenton, afin d'avoir les électeurs sous ma main, et de pouvoir les circonvenir.

Sur ce, il me sera bien facile de battre en brèche mon adversaire ; et, à cet égard, je ne veux me servir que des propres paroles mentionnées dans la lettre anonyme. En effet. que dit notre aimable et courageux discoureur : Que je n'ai aucune influence sur les habitants des campagnes, qu'aucun électeur ne veut m'écouter ; puis, et ne sachant sans doute pas où il veut en venir, il ajoute que ce sont ces mêmes électeurs, sur lesquels je ne peux exercer, d'après son propre aveu, aucune influence soporifique, que je fais descendre à Argenton, dans le but de les endormir.

Je ne sais si, dans l'enivrement de la victoire, mon adversaire inconnu croit devoir son succès à la supériorité de sa logique. Pour moi, sans vouloir le blesser , je crois que  ui et les siens devaient nécessairement avoir , dans une de leurs vastes poches , d'autres médicaments beaucoup plus efficaces.

Voyons cette autre partie de l'accusation , où je suis représenté comme ayant voulu me substituer au Juge-Suppléant, homme considérable , qui devait, comme tout le monde le sait , présider la 2ᵉ sous-section d'Argenton. N'en déplaise à mon pétulant adversaire ; mais si au lieu de m'attaquer, il s'était même donné la peine de prendre ses lunettes d'approche, ou d'employer celles de son voisin, il aurait vu que, suivant la lettre du Juge de Paix d'Argenton, en date du 9 décembre, j'ai été contraint de fonctionner au lieu et place de M. le Suppléant, qui ne pouvait, sans nul doute, accepter cette honorable mission, en raison de ses occupations judiciaires, et qui, néanmoins, a trouvé le moyen, ce qu'il doit reconnaître, d'arpenter, le même jour, les rues d'Argenton, de se promener sur la place publique : ce qui doit être permis à tout citoyen, en temps de République, grâce à la loi qui n'a pas encore défendu à tout électeur, de s'entretenir avec ses semblables, ce dont auraient été contrariés bien des prévôts, en matière électorale , à en juger par les tours d'adresse auxquels certains gros bonnets de chez nous se sont livrés sur la place publique, ce qui, malheureusement pour leur dignité , est de notoriété publique.

Arrivons à une charge bien plus grave ; à cet égard, qui que vous soyez , amis ou ennemis , lisez, et vous jugerez.

Eh quoi ! pamphlétaire de je ne sais quel pays, vous osez vous mettre en tant de frais pour obtenir aussi peu de succès ! je l'avoue, je croyais en vous plus d'esprit et d'habileté. Allons , convenez-en , ce jour-là votre bonnet de coton a étouffé votre génie , ou plutôt votre ami vous a-t-il mal conseillé. Que me reprochez-vous? De n'avoir ouvert le bureau qu'à onze heures , et ce dans le but de priver les autres communes du droit de voter. Un mot d'explication ; ce n'est qu'une question de fait ; malheur à vous si vous avez voulu causer avant de connaître, Voici donc le fait : A huit heures du matin , j'étais à mon poste, entendez-vous, où s'étaient déjà rendus MM. Massicot , Brugère et Huguet , membres du conseil municipal d'Argenton, ainsi qu'il résulte d'un certificat dûment en forme , dont je vous prie de prendre connaissance ; que si l'opération n'a réellement commencé qu'à dix heures , c'est que l'Adjoint au Maire de Saint-Marcel , dont la commune devait voter la première , par suite de l'avis qui lui avait été donné la veille , n'était pas encore rendu quand tous les scrutateurs et moi étions à notre poste.

Ainsi, vous le voyez, vous qui vous cachez dans l'ombre, qui n'avez pas le courage de signer vos actes d'accusation, relevez donc enfin la tête ; du moins , tout en recevant le baptême de la rémission de vos péchés passés et présents, peut-être n'y reviendrez-vous plus. Pardon, je me trompe, car vous êtes trop coutumier du fait.

Passons à un autre fait ; pour ce, je me mettrais presque en colère ; mais non, puisqu'il faut en finir, continuons, sauf à nous expliquer ensemble ; je l'accepte en ce que vous déclinerez votre nom, que vous vous servirez-désormais de vos armes personnelles, ne pouvant attribuer qu'à un peu d'hallucination ce qui est sorti de votre élégante plume.

Revenons, maintenant, à vos paroles imprudentes, eu égard à la capacité des scrutateurs. Y songiez-vous quand votre tête conduisait votre bras ? non, ce n'est pas possible. Croyez-moi, cessez d'aborder de semblables questions ; vous êtes aujourd'hui à trop de distance des citoyens honorables que vous avez osé attaquer dans l'ombre ; vos traits vénimeux ne peuvent les atteindre.

Pressé par mes affaires, j'avais envie d'en rester là ; car c'est y mettre, vous en conviendrez, par trop de complaisance ; mais comme vous avez voulu en tâter, en voici encore : vous dites, si j'ai bien lu, que j'avais composé mon bureau à ma guise ; je ne sais, mais vous avez joué dans toute cette affaire d'un malheur inouï. Si vous vous étiez donné la peine de parler à la portière d'en bas, elle vous aurait dit que toute la matinée elle n'a cessé de courir pour avoir les trois derniers scrutateurs qui sont venus à dix heures ; puis, et si vous aviez enfin consulté le premier conseiller municipal d'Argenton, il vous aurait appris que la veille, et conformément à la loi, le Conseil municipal avait été convoqué en entier ; qu'après avoir donné lecture des divers décrets régissant la matière, c'est le Conseil municipal qui avait accepté les excuses diverses de ceux des membres qui ne pouvaient assister le lendemain à l'opération.

Examinons cette autre partie de votre dénonciation où nous aurions, dites-vous, mis trois heures pour faire voter la commune de Saint-Marcel. C'est à y perdre la tête, avec toutes vos attaques ; seulement, ce qui me console, c'est que la vôtre n'était pas très bien assise, car ce que vous considérez comme un acte plus que blâmable, n'a été de notre part que l'exécution de la loi.

Qu'a-t-on fait ? L'appel et le réappel immédiats de chacune des communes. Et pourquoi ? C'est que la plupart des citoyens qui voulaient voter étant présents, nous nous sommes dit que si nous ne faisions qu'un seul appel, jamais les électeurs n'auraient le temps de voter ; lorsqu'au contraire si, après les avoir appelés une première fois, ils ne répondent, quoique présents ou sur la place, prévenus qu'ils étaient, ils ont répondu à nouveau, ce qui est arrivé pour beaucoup ; lorsque si nous en avions agi autrement, nous pouvions priver plus de la moitié de la commune de Saint-Marcel, qui à elle seule comportait plus des trois quarts des électeurs, qui certes ne seraient pas revenus le lendemain.

Vient enfin, ce que personne ne voudrait croire si l'acte d'accusation n'en faisait pas mention, le reproche de m'être permis de dire à Châteauroux que je voterais pour le général Cavaignac, lorsque mes sympathies étaient pour Ledru

Rollin qui, sans moi, aurait eu un peu plus de voix dans le canton d'Argenton. De quel droit, homme sans foi politique, venez-vous me demander compte de mes sympathies? Serait-ce parce que vous vous êtes tourné du côté du plus fort que vous espéreriez faire revenir la loi des suspects? Arrière, mille fois arrière tous les hommes de votre trempe ; vous êtes à trop de distance de moi pour arriver à la hauteur de mon dédain. En déclarant que je voulais voter pour Cavaignac, c'est qu'il était dans le fond de mon cœur d'en agir ainsi ; serais-je à recommencer, que je le ferais avec d'autant plus de courage qu'il est aujourd'hui abandonné par tous ceux qui la veille lui faisaient la cour. Sachez-le bien, que si j'eusse voulu soutenir la candidature du citoyen Ledru-Rollin, j'aurais eu le courage de le proclamer hautement. Eh! certes, je n'eusse jamais fait comme vous, ingrat, vous qui, le 28 juin, proclamiez sur la place publique et partout que Cavaignac était le sauveur de la Patrie, et qui l'avez abandonné quand, la veille, recevant tout-à-coup une dépêche télégraphique de Paris, vous tournez votre face, persuadé qu'en votant pour Napoléon vous pourrez rentrer dans les places que vous saviez si bien gagner par vos tours d'adresse sous le gouvernement déchu, ce qui est de notoriété publique.

Croyez-moi, prenez-y garde, les temps sont changés, et quoique vous acceptiez comme un salut pour vous la candidature de Napoléon, peut-être pourrait-il se faire que les véritables amis du Président nouveau, feuilletant les quelques pages de votre vie publique, ne soient obligés de détourner la vue, tant ils y trouveraient de tristes choses.

Ce qui est encore de notoriété publique, que voulez-vous enfin, hommes de tous les pouvoirs, c'est que vous faites aujourd'hui ce que vous avez fait toute votre vie. Du temps de Louis-Philippe, où vous aviez tout ce que vous désiriez, et les places et les honneurs, quand passa Nemours, son fils, il nous en souvient encore, vous n'eûtes pas de paroles assez brillantes pour lui rendre hommage, il tombe, et vous l'abandonnez. La République apparaît, et à peine est-elle proclamée, que dès le lendemain, quand vous croyez être sans danger, vous criez : *vive la République*, tout en saluant avec enthousiasme les noms des membres du Gouvernement provisoire. Mais, qu'advient-il, c'est qu'à peine vous apercevez-vous que les membres du Gouvernement provisoire, qui avaient bien mérité de la Patrie, sont délaissés, que de suite vous blasphêmez contre eux, voire même contre Lamartine, votre idole, pour accueillir avec la plus vive reconnaissance celui que vous considériez comme le sauveur de la Patrie, Cavaignac, que vous abandonnez encore. Arrière, mille fois arrière, les hommes de votre trempe.

Sachez-le bien, si vous pensez avoir remporté la victoire par cela seul que vous vous êtes rangés du côté de Napoléon, songez que le peuple ne veut pas de vous ; qu'il sait fort bien que ses intérêts ne sont pas les vôtres. En nommant Napoléon, le peuple a cru trouver un citoyen qui, tout en respectant et la famille et la propriété, sans lesquelles toute société est impossible, saurait établir l'égalité des charges entre tous les citoyens de la mère-patrie, accroître l'instruction et le bien-être de la classe pauvre et laborieuse, et l'ennoblir en agrandissant son intelligence si facile à développer ; puis et enfin distribuer, avec une impartialité scrupuleuse, les fonctions administratives et judiciaires, ce qui vous donnerait de bien cuisants regrets; entendez-vous monarchico-bonapartistes, et soutenir les droits de l'infortuné vis-à-vis le privilège, ce qui n'entrera jamais dans vos cœurs égoïstes. Mais laissons ce côté si pénible de la question où, plus tard, et dans des temps plus heureux et moins difficiles, nous aurons à nous en expliquer devant l'opinion publique.

HUARD , *Maire d'Argenton.*

---

Argenton, le 9 décembre 1848.

Monsieur le Maire,

D'après les dispositions du troisième § de l'article 18 du décret du 28 octobre dernier, la présidence de sous-section d'Argenton, pour l'élection du président de la République, appartient au suppléant de la justice de paix. Celui-ci m'ayant déclaré, hier, qu'il ne pouvait pas accepter cette mission, j'ai l'honneur de vous transmettre toutes les pièces que j'avais à lui remettre, puisqu'à son défaut vous êtes appelé à présider cette section.

Agréez, M. le Maire, l'assurance de ma considération distinguée.

*Le Juge de Paix d'Argenton,*

Signé : DUCHATEAU.

---

Argenton, le 17 décembre 1848.

Nous, soussignés, membres du conseil municipal de la ville d'Argenton, et ayant été appelés, en cette qualité, à assister M. le Maire de cette ville, remplaçant le suppléant du Juge de Paix dans la présidence de la deuxième sous-section d'Argenton,

Déclarons que M. Huard, Maire d'Argenton, est arrivé le 10 décembre courant, à 8 heures du matin, pour procéder à l'élection du Président de la République, en la salle de la Mairie, où nous étions déjà rendus ;

Que si l'opération n'a commencé qu'à 10 heures, c'est dans l'impossibilité matérielle où il s'est trouvé de former plus tôt son bureau, puisque l'adjoint de la commune de Saint-Marcel, qui devait voter la première, n'était pas encore arrivé, quand tous les membres du bureau étaient à leur poste.

Déclarons, en outre, pour rendre hommage à la vérité, que M. le Maire a agi, dans toute l'opération, avec la plus haute impartialité; qu'il a même poussé la délicatesse jusqu'à prévenir les habitants des campagnes qu'ils devaient faire attention dans la manière de faire leurs votes, attendu qu'il y avait plusieurs candidats du même nom.

Qu'en résumé il n'était là que pour maintenir l'ordre et recevoir les bulletins des électeurs; qu'il se garderait bien de les influencer, tenant à laisser à chacun son libre arbitre.

Signé : HUGUET, MASSICOT, BRUGÈRE.

Vu, pour légalisation des signatures des citoyens Massicot, Brugère et Huguet, membres du Conseil municipal d'Argenton.

*Pour le Maire d'Argenton,*

Signé : MALLET, adjoint.

Châteauroux, imp. et lith. de Migné.